おはなしドリル せかいの国のおはなし 小学2年

もくじ

せかい地図《ちず》のページ

おはなしに出《で》てくる国《くに》がどこにあるか、さがしてみましょう。

※この本では，主要教科書及び地図帳にもとづき，国を掲載しています。
※国の名前は，一般的に使われることの多い通称で表記していることがあります。
※上記の地図の国名は，主なものにしぼっている地域もあります。
※すべての情報は，2018年6月現在のものです。

イタリア① ピアノのたん生《じょう》

ピアノをひいたことはありますか。ピアノを今《いま》ならっている人《ひと》も、これからならってみたいと思《おも》っている人《ひと》も、少《すく》なくないことでしょう。

ピアノは、今《いま》から三百年《さんびゃくねん》ほど前《まえ》に、イタリアで生《う》まれた楽器《がっき》です。ピアノのことを、イタリア語《ご》では「ピアノフォルテ」といいます。これは、弱《よわ》い音《おと》も強《つよ》い音《おと》もじゆうに出《だ》すことができる楽器《がっき》、ということをあらわします。日本語《にほんご》の「ピアノ」は、この「ピ

読《よ》んだ日《ひ》　月《がつ》　日《にち》

① ピアノは、どこの国《くに》で生《う》まれた楽器《がっき》ですか。

（　　　　）

② 「ピアノフォルテ」とは、どんなことをあらわすイタリア語《ご》ですか。（　）に合《あ》う言葉《ことば》を書《か》きましょう。

・（　　　　）も強《つよ》い音《おと》も（　　　　）に出《だ》すことができる楽器《がっき》。

アノフォルテ」をみじかくした言葉《ことば》です。当時《とうじ》のピアノは、四《よん》オクターブほどの音《おと》が出《だ》せる楽器《がっき》でした。オクターブというのは、ある音《おと》から数《かぞ》えはじめて八《やっ》つ分《ぶん》の音《おと》のはばのことです。たとえば、ドから上《うえ》に数《かぞ》えると、「ドレミファソラシド」が一《いち》オクターブです。

今《いま》のピアノのけんばんには、白《はっ》けん（白《しろ》いキー）と黒《こっ》けん（黒《くろ》いキー）が、ぜんぶで八十八《はちじゅうはっ》こあって、七《なな》オクターブいじょうの音《おと》を出《だ》すことができます。

つまり、今《いま》のピアノは、とてもひくい音《おと》からとても高《たか》い音《おと》まで、たくさんの音《おと》が出《だ》せるのです。また、ピアノは、いくつもの音《おと》を同時《どうじ》に出《だ》すこともできます。だからピアノは、いろいろなきょくをえんそうすることができるのです。

❸ 今《いま》のピアノは、どのくらいの音《おと》が出《だ》せますか。

・（　　　　）いじょうの音《おと》。

❹ 上《うえ》の文章《ぶんしょう》の内《ない》ように合《あ》う文《ぶん》はどれですか。一《ひと》つに○をつけましょう。

ア　三百年《さんびゃくねん》ほど前《まえ》のピアノには、白《はっ》けんと黒《こっ》けんが合《あ》わせて八十八《はちじゅうはっ》こあった。

イ　ピアノは、とても高《たか》い音《おと》は出《だ》せるが、ひくい音《おと》は出《だ》せない。

ウ　ピアノは、いくつもの音《おと》を同時《どうじ》に出《だ》せる。

2

イタリア❷ パスタのいろいろ

ピザやパスタなどのイタリアりょう理《り》は、日本《にほん》でも人気《にんき》です。イタリアりょう理《り》のことを、「イタリアン」ということもありますよ。

パスタは、「こねたもの」といういみのイタリア語《ご》です。小麦粉《こむぎこ》に、水《みず》やたまご、しおを入《い》れ、ねって作《つく》ります。スパゲッティ、マカロニ、ラザニアなどが、パスタのなかまです。イタリアには、形《かたち》や長《なが》さや太《ふと》さのちがう、たくさんのしゅるいのパスタがあります。そして、その数《かず》は、数百《すうひゃく》しゅるいもあるそうです。

スパゲッティは、イタリア語《ご》で「細《ほそ》いひも」というい みで、あなのあいていない細《ほそ》いめんのことです。スパゲッティりょう理《り》には、いろいろありま

❶ イタリアりょう理《り》のれいとして、パスタのほかに何《なに》をあげていますか。二字《にじ》で書《か》きましょう。

❷ パスタとは、小麦粉《こむぎこ》と水《みず》のほかに、何《なに》を入《い》れてねったものですか。二《ふた》つ答《こた》えましょう。

読《よ》んだ日《ひ》　月《がつ》　日《にち》

す。日本人《にほんじん》が、日本人《にほんじん》の口《くち》に合《あ》うように作《つく》ったものもあります。トマトケチャップをつかったナポリタンは、もともとあったイタリアりょう理《り》をヒントにして、日本《にほん》で生《う》まれたものです。

マカロニは、くだの形《かたち》をしています。グラタンやサラダのざいりょうになります。

ラザニアは、四角形《しかくけい》のひらたいパスタです。ホワイトソースやミートソースをかさねたりょう理《り》にします。

❸ 日本《にほん》で生《う》まれたスパゲッティりょう理《り》のれいとして、何《なに》をあげていますか。

（　　　　　　　　）

❹ 上《うえ》の文章《ぶんしょう》の内《ない》ように合《あ》う文《ぶん》はどれですか。一《ひと》つに○をつけましょう。

ア パスタは「こねたもの」といういみである。

イ イタリアのパスタは、数《すう》十《じっ》しゅるいある。

ウ ラザニアは、あなのあいていない細《ほそ》いめんである。

エ マカロニは、ひらたいパスタである。

3 ドイツ 有名《ゆうめい》なおかし

バウムクーヘンというおかしを食《た》べたことはありますか。木《き》の年《ねん》りんのようなもようがある、ドイツ生《う》まれのようがしです。年《ねん》りんというのは、木《き》をよこに切《き》ったときに、切《き》り口《くち》の部分《ぶぶん》に見《み》える、円《まる》いわのようなすじのことです。ドイツ語《ご》で「バウム」は「木《き》」、「クーヘン」は「おかし」といういみです。このおかしは、小麦粉《こむぎこ》に、バター、さとう、たまごなどをまぜたものを、木《き》のぼうに少《すこ》しずつぬりつけながらやいて作《つく》ります。こうすること

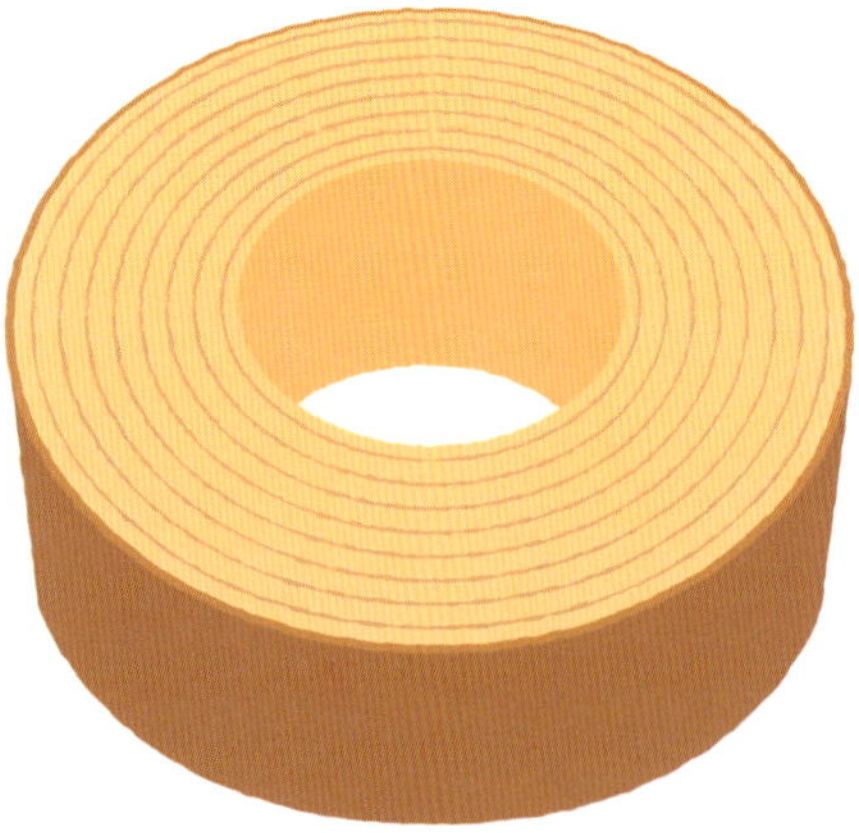

読《よ》んだ日《ひ》　月《がつ》　日《にち》

❶ バウムクーヘンとは何《なん》のことですか。どちらかに○をつけましょう。

ア　木《き》の年《ねん》りんのようなもようのこと。

イ　ドイツで生《う》まれたようがしのこと。

❷ バウムクーヘンに年《ねん》りんのようなもようができる理由《りゆう》が書《か》いてある一文《いちぶん》をさがし、はじめの五字《ごじ》を書《か》きましょう。

で、年《ねん》りんのようなもようができるのです。
ドイツのだいひょうてきなおかしを、もう一《ひと》つしょうかいしましょう。近《ちか》ごろ日本《にほん》でも知《し》られるようになってきた、クリスマスのころに食《た》べるシュトレンというおかしです。シュトーレンともいいます。これは、ドイツのクリスマスケーキです。ドライフルーツやナッツがたっぷり入《はい》っていて、長《なが》もちします。お店《みせ》によっていろいろな作《つく》り方《かた》があり、おかしというよりもパンに近《ちか》いシュトレンもあるそうです。

❸ シュトレンは、いつ食《た》べるおかしですか。（　）に合《あ》う言《こと》葉《ば》を書《か》きましょう。

・（　　　　　　）のころ。

❹ 上《うえ》の文章《ぶんしょう》の内《ない》ように合《あ》う文《ぶん》はどれですか。一《ひと》つに○をつけましょう。

ア バウムクーヘンにはナッツが入《はい》っている。

イ シュトレンには年《ねん》りんのようなもようがある。

ウ シュトレンはお店《みせ》によって作《つく》り方《かた》がちがう。

4 オーストリア 音楽《おんがく》のみやこ

ヨーロッパには、「音楽《おんがく》のみやこ」とよばれる都市《とし》があります。それは、オーストリアのウィーンです。

ウィーンが「音楽《おんがく》のみやこ」とよばれるのには、いくつかの理由《りゆう》があります。ウィーンは長《なが》い間《あいだ》にわたって、たくさんの音《おん》楽家《がくか》が活動《かつどう》した都市《とし》なのです。ウィーンで生《う》まれてウィーンでそだった音《おん》楽家《がくか》には、シューベルトがいます。また、ハイド

❶ ヨーロッパにある「音楽《おんがく》のみやこ」とよばれる都市《とし》は、どこですか。

（　　　　）

❷ ウィーンで生《う》まれてウィーンでそだった音楽家《おんがくか》は、だれですか。

（　　　　）

❸ モーツァルトは、どこの国《くに》で生《う》まれた音楽家《おんがくか》ですか。一《ひと》つに○をつけましょう。

読《よ》んだ日《ひ》　月《がつ》　日《にち》

ンやモーツァルトなどの有名《ゆうめい》な音楽家《おんがくか》も、ウィーンではありませんが、オーストリアで生《う》まれました。ほかにも、いろいろな国《くに》の音楽家《おんがくか》が、ウィーンを目指《めざ》しました。ベートーベンは、ドイツで生《う》まれましたが、音楽家《おんがくか》になってからは、ウィーンで活動《かつどう》しました。ポーランド出身《しゅっしん》のショパンも、ウィーンでくらしていたことがありました。

みんな、ずいぶんむかしに活《かつ》やくしていた人《ひと》たちですが、今《いま》でもやはり、ウィーンは「音楽《おんがく》のみやこ」にふさわしい都市《とし》です。ウィーンのいろいろな場所《ばしょ》で、クラシック音楽《おんがく》のえんそう会《かい》やオペラなどのもよおしが行《おこな》われます。また、有名《ゆうめい》なウィーン少年合唱団《しょうねんがっしょうだん》の声音《こわね》は、「天使《てんし》の歌声《うたごえ》」とたとえられています。

ア　オーストリア
イ　ドイツ
ウ　ポーランド

❹ ドイツで生《う》まれた音楽家《おんがくか》として、だれをあげていますか。

（　　　　）

❺ ウィーン少年合唱団《しょうねんがっしょうだん》の声音《こわね》は、何《なん》とたとえられていますか。

・「天使《てんし》の（　　　　）」

5

オランダ チューリップのさく国《くに》

オランダと聞《き》いて多《おお》くの人《ひと》が思《おも》いうかべるのは、チューリップと風車《ふうしゃ》でしょう。オランダには、広《ひろ》いチューリップばたけがあります。春《はる》には、赤《あか》、白《しろ》、黄色《きいろ》、ピンクなど、色《いろ》とりどりの花《はな》がさきます。オランダには、風《ふう》車《しゃ》もたくさんあります。風車《ふうしゃ》というのは、風《かぜ》の力《ちから》で回《まわ》る羽根車《はねぐるま》のことです。オランダでは、小麦《こむぎ》などのこくもつをひいてこな

読《よ》んだ日《ひ》　月《がつ》　日《にち》

❶ オランダでチューリップがさくきせつはいつですか。漢《かん》字一字《じいちじ》で書《か》きましょう。

□

❷ オランダに多《おお》くある、風《かぜ》の力《ちから》で回《まわ》る羽根車《はねぐるま》のことを何《なん》といいますか。

（　　　　）

❸ オランダでは、風車《ふうしゃ》をどんなことにつかいましたか。（　）に合《あ》う言葉《ことば》を書《か》きましょう。

にしたり、水《みず》をくんだりするのにつかわれてきました。

そして、日本《にほん》ではまだあまり知《し》られていませんが、オランダは、「自転車大国《じてんしゃたいこく》」でもあります。通学《つうがく》や通《つう》きんに、電車《でんしゃ》やバスではなく、自転車《じてんしゃ》をつかう人《ひと》がたくさんいるのです。国中《くにじゅう》に、自転車《じてんしゃ》せん用《よう》の道路《どうろ》や、自転車《じてんしゃ》せん用《よう》レーン（車道《しゃどう》の中《なか》でも、自転車《じてんしゃ》だけが走《はし》れる車線《しゃせん》）があります。買《か》いものをするときも、あそびに行《い》くときも、自転車《じてんしゃ》がつかわれます。旅行《りょこう》でオランダに行《い》った人《ひと》でも、自転車《じてんしゃ》をかんたんにつかえる仕組《しく》みがととのっているのです。

・小麦《こむぎ》などをひいて、（　　）にすること。

・（　　）をくむこと。

④ オランダが「自転車大国《じてんしゃたいこく》」といわれるのは、なぜですか。（　）に合《あ》う言葉《ことば》を書《か》きましょう。

・（　　）に、自転車《じてんしゃ》だけが走《はし》れる道《みち》があったり、旅行者《りょこうしゃ》でも、自転車《じてんしゃ》を（　　）につかえたりするから。

6

フランス げいじゅつのみやこ

オーストリアのウィーンは「音楽《おんがく》のみやこ」ですが、フランスには「花《はな》のみやこ」とよばれる都《と》市《し》があります。それは、パリです。「花《はな》のみやこ」というのは、はなやかな場《ば》所《しょ》、といういみです。パリでは、一年《いちねん》に何回《なんかい》も、せかい中《じゅう》の多《おお》くの人《ひと》びとが注目《ちゅうもく》するようなファッションショーが行《おこな》われています。

また、パリは、「げいじゅつのみやこ」ともいわれます。ウィーンにたくさんの音楽家《おんがくか》があつまったように、パリはむかしから、数多《かずおお》くのげいじゅつ家《か》があつまる都市《とし》でした。スペイン生《う》まれの画家《がか》、ピカソが、とくに有名《ゆうめい》です。また、日本《にほん》からパリにわたったげいじゅつ家《か》もいました。

❶ パリは、「げいじゅつのみやこ」のほか、何《なん》のみやことよばれる都市《とし》ですか。漢字一《かんじいち》字《じ》で書《か》きましょう。

□

❷ パリにあつまったげいじゅつ家《か》のうち、スペイン生《う》まれの画家《がか》として、だれをあげていますか。

（　　）

読《よ》んだ日《ひ》　月《がつ》　日《にち》

それから、パリには、びじゅつかんがたくさんあります。とくに有名《ゆうめい》なのが、ルーブルびじゅつかんです。ここには、「モナ・リザ」という、せかいでもっとも有名《ゆうめい》な絵《え》の一《ひと》つがあります。レオナルド・ダ・ビンチがかいた、なぞめいたほほえみをうかべている女《おんな》の人《ひと》の絵《え》です。この絵《え》を見《み》るために、せかい中《じゅう》から多《おお》くの人《ひと》が、ルーブルびじゅつかんをおとずれています。

❸ 「モナ・リザ」は、パリの何《なん》というびじゅつかんにある絵《え》ですか。

・（　　　　　）びじゅつかん

❹ 「モナ・リザ」は、どんなひょうじょうをした女《おんな》の人《ひと》の絵《え》ですか。一《ひと》つに○をつけましょう。

ア　ほほえんでいる。
イ　ないている。
ウ　おこっている。

イギリス❶ 人《ひと》の名前《なまえ》のついた食《た》べもの

みなさんにクイズです。パンの間《あいだ》にたまごをはさんだもの、きゅうりとハムをはさんだもの、フルーツとクリームをはさんだもの。いろいろなしゅるいがありますが、これはいったい何《なん》でしょう。答《こた》えは、サンドイッチです。たまごが入《はい》ったものは「たまごサンドイッチ」ですが、みじかくして「たまごサンド」ということもありますね。

みなさんもよく知《し》っているとおり、サンドイッチとは、うすく切《き》ったパンの間《あいだ》に、いろいろなものをはさんだ食《た》べもののことです。この食《た》べものに「サンドイッチ」という名前《なまえ》がついたのには、つぎのような理由《りゆう》があります。

今《いま》から三百年《さんびゃくねん》ほど前《まえ》にイギリスで生《う》まれた、サ

読《よ》んだ日《ひ》　月《がつ》　日《にち》

❶ 上《うえ》の文章《ぶんしょう》では、サンドイッチのれいとして、どんなものをあげていますか。（　）に合《あ》う言葉《ことば》を書《か》きましょう。

・パンの間《あいだ》に（　　　）をはさんだもの。

・きゅうりと（　　　）をはさんだもの。

・（　　　）とクリームをはさんだもの。

ンドイッチはくしゃくという人《ひと》がいました。はくしゃくは、何《なに》よりもトランプあそびが大《だい》すきでした。ずっとつづけていたいのですが、食事《しょくじ》のときはナイフとフォークをつかうので、トランプをやめなければなりません。そこで、トランプをつづけながら食事《しょくじ》ができるように、手《て》づかみで食《た》べられる、べんりな食《た》べものを考《かんが》え出《だ》したといわれています。この食《た》べものが、はくしゃくの名前《なまえ》をとって、「サンドイッチ」とよばれるようになりました。

❷ サンドイッチはくしゃくは、いつ生《う》まれましたか。それがわかる一文《いちぶん》をさがし、はじめの四字《よじ》を書《か》きましょう。

❸ サンドイッチは、どのようなところがべんりなのですか。（　）に合《あ》う言葉《ことば》を書《か》きましょう。

・（　　　　）や
フォークをつかわずに、
（　　　　）で
食《た》べられるところ。

8 イギリス②
名《めい》たんていホームズ

シャーロック・ホームズという、せかいてきに有名《ゆうめい》な名《めい》たんていを知《し》っていますか。どんなじけんでも、するどいすい理力《りりょく》でかいけつしてしまう男《おとこ》の人《ひと》です。

シャーロック・ホームズは、イギリスのコナン・ドイルという作《さっ》家《か》が百年《ひゃくねん》いじょう前《まえ》に生《う》み出《だ》した、すい理小《りしょう》説《せつ》の主人公《しゅじんこう》です。すい理小説《りしょうせつ》というのは、じけんのなぞをといて、はん人《にん》などをさがすよ

❶ コナン・ドイルは、どこの国《くに》の作家《さっか》ですか。

（　　　　）

❷ すい理小説《りしょうせつ》とは、どんな組《く》み立《た》ての小説《しょうせつ》ですか。（　）に合《あ》う言葉《ことば》を書《か》きましょう。

・じけんの（　　　　）を（　　　　）とき、（　　　　）などをさがす組《く》み立《た》て。

❸ シャーロック・ホームズの

読《よ》んだ日《ひ》　月《がつ》　日《にち》

うに組《く》み立《た》てた小説《しょうせつ》のことです。ミステリーともいいます。シャーロック・ホームズのもとには、むずかしいじけんがつぎつぎともちこまれます。ホームズは、あいぼうであるワトソンはかせといっしょに、じけんをあざやかにかいけつしていくのです。

おもな登場人物《とうじょうじんぶつ》には、モリアーティ教授《きょうじゅ》という人《ひと》もいます。ホームズと同《おな》じくらい頭《あたま》がよいのですが、じけんをおこすわるい人《ひと》です。ホームズとモリアーティ教授《きょうじゅ》は、ライバルどうしです。

シャーロック・ホームズのシリーズの本《ほん》は、今《いま》でもせかいの多《おお》くの国《くに》ぐにで読《よ》まれています。日《に》本《ほん》にも、たくさんのファンがいます。また、本《ほん》だけにとどまらず、えい画《が》やテレビドラマ、まんが、アニメにもなっています。

シリーズの本《ほん》は、えい画《が》、まんが、アニメのほか、何《なに》になっていますか。

（　　　　　　）

4 上《うえ》の文章《ぶんしょう》の内《ない》ように合《あ》う文《ぶん》はどれですか。一《ひと》つに○をつけましょう。

ア すい理《り》小説《しょうせつ》は、ミステリーともいう。

イ ホームズとワトソンはかせは、ライバルどうしである。

ウ ホームズとモリアーティ教授《きょうじゅ》は、あいぼうである。

9 スペイン1
シエスタってなに？

せかいには、日本《にほん》にはないようなしゅうかんのある国《くに》ぐにがありますよ。

日本《にほん》では、はたらいている人《ひと》のお昼休《ひるやす》みの時間《じかん》は、だいたい一時間《いちじかん》ぐらいです。でもスペインでは、たとえば午後《ごご》の一時半《いちじはん》から四時半《よじはん》までなど、三時間《さんじかん》ぐらいのお昼休《ひるやす》みがあります。その間《あいだ》は、みんな、のんびりと休《やす》みます。家《いえ》に一度《いちど》帰《かえ》って、ゆっくりと食事《しょくじ》をとる人《ひと》もいます。お昼《ひる》ねをする人《ひと》もいます。この時間《じかん》のことを、シエスタといいます。スペイン語《ご》で「昼《ひる》ね」といういみです。

日本《にほん》では、朝食《ちょうしょく》や昼食《ちゅうしょく》にくらべ、夕食《ゆうしょく》をいちばんしっかり食《た》べるという人《ひと》が多《おお》いです。でも、スペインでは、シエスタの時間《じかん》に食《た》べるお昼《ひる》ごはん

読《よ》んだ日《ひ》　月《がつ》　日《にち》

❶ お昼休《ひるやす》みの時間《じかん》がより長《なが》いのは、どちらの国《くに》ですか。合《あ》うほうに○をつけましょう。

ア 日本《にほん》
イ スペイン

❷ スペインのお昼休《ひるやす》みは、だいたいどれくらいですか。どちらかに○をつけましょう。

ア 一時間《いちじかん》ぐらい
イ 三時間《さんじかん》ぐらい

❸ 「昼《ひる》ね」をいみするスペイン語《ご》を、何《なん》といいますか。

がいちばん大切《たいせつ》にされていて、たっぷり食《た》べる人《ひと》が多《おお》いのです。

シエスタの間《あいだ》は、多《おお》くのお店《みせ》がしまっています。お店《みせ》の人《ひと》もシエスタをとるからです。それを知《し》らずに旅行《りょこう》でスペインをおとずれた人《ひと》は、昼間《ひるま》に一《いち》度《ど》お店《みせ》がしまるので、とてもおどろくそうです。

スペインのほか、イタリアなどのいくつかの国《くに》にも、シエスタのしゅうかんがあります。

❹ 上《うえ》の文章《ぶんしょう》の内《ない》ように合《あ》う文《ぶん》はどれですか。一《ひと》つに○をつけましょう。

（　　）

ア 日本《にほん》にはシエスタのしゅうかんがある。

イ スペインでは、昼食《ちゅうしょく》よりも夕食《ゆうしょく》をしっかり食《た》べる人《ひと》が多《おお》い。

ウ スペインでは、昼間《ひるま》に一《いち》度《ど》しまるお店《みせ》がたくさんある。

エ シエスタのしゅうかんがあるのは、スペインだけである。

10 スペイン②
フラメンコってなに？

「フラ」はハワイのおどりですが、さて、「フラメンコ」は、どこのおどりでしょうか。フラメンコは、スペインの南《みなみ》の地方《ちほう》のおどりです。歌《うた》やギターのばんそうに合《あ》わせ、はげしいステップをふみます。手《て》やカスタネットをうち鳴《な》らしながらおどることもあります。小道具《こどうぐ》としてせんすをもち、それを回《まわ》したり、スカートのすそをもって、ひらひらとさせた

読《よ》んだ日《ひ》　月《がつ》　日《にち》

❶ スペインの南《みなみ》の地方《ちほう》のおどりを、何《なん》といいますか。どちらかに○をつけましょう。

ア　フラ

イ　フラメンコ

❷ フラメンコのばんそうにつかう楽器《がっき》は、何《なん》ですか。

（　　　　　）

❸ フラメンコをおどるときにうち鳴《な》らすこともある楽器《がっき》は、何《なん》ですか。

りするふりつけもあります。
女《おんな》の人《ひと》のおどりというイメージをもっている人《ひと》もいるかもしれませんが、男《おとこ》の人《ひと》もフラメンコをおどります。また、歌《うた》やギターでばんそうするきょくは、くらくてはげしい調子《ちょうし》のメロディーが多《おお》いです。でも、明《あか》るくて楽《たの》しい調子《ちょうし》のメロディーのきょくもあります。
きょくによってきまったふりつけがありますが、プロのダンサーは、おどっているその場《ば》で思《おも》いついたうごきで、自由《じゆう》におどることもあります。
フラメンコは、「じょうねつてきなおどり」だといわれています。

（　　）

4 上《うえ》の文章《ぶんしょう》の内《ない》ように合《あ》わない文《ぶん》はどれですか。一《ひと》つに○をつけましょう。

ア フラメンコは、はげしいステップをふむおどりである。

イ フラメンコをおどる男《おとこ》の人《ひと》はいない。

ウ フラメンコのばんそうには、明《あか》るいきょくもある。

エ フラメンコでは、きまったふりつけのほか、自由《じゆう》におどることもある。

11

スペイン③
カラフルなたきこみごはん

スペインには、パエリアという、おいしいりょう理《り》があります。パエリアは、パエリヤとか、パエーリャともいいます。

パエリアは、せん用《よう》のなべで作《つく》ります。両《りょう》手《て》でもてるように取《と》っ手《て》が二《ふた》つついた、大《おお》きくてあさいなべです。

このなべに、お米《こめ》、いか、えび、貝《かい》、とり肉《にく》、野《や》さいなどを入《い》れて、たきこみます。つまり、パエリアは、スペイン

❶ パエリアを作《つく》るせん用《よう》のなべは、どんな形《かたち》をしていますか。一《ひと》つに○をつけましょう。

ア 取《と》っ手《て》がついていなくて大《おお》きい。

イ 大《おお》きな取《と》っ手《て》が一《ひと》つついている。

ウ 取《と》っ手《て》が二《ふた》つついていてあさい。

❷ パエリアを作《つく》るとき、お米《こめ》などのざいりょうをせん用《よう》のなべに入《い》れたあと、どうしますか。一《ひと》つに○をつけましょう。

読《よ》んだ日《ひ》　月《がつ》　日《にち》

のたきこみごはんなのです。サフランというしょくぶつの花《はな》をかんそうさせたスパイスをつかって、風味《ふうみ》と色《いろ》をつけます。スパイスのサフランは赤《あか》い色《いろ》ですが、パエリアのお米《こめ》は黄色《きいろ》くできあがります。お米《こめ》が黄色《きいろ》くなるので、パエリアに入《い》れる野《や》さいは、色《いろ》どりがよいように、みどりのピーマンや赤《あか》いピーマンがえらばれます。また、オリーブや、玉《たま》ねぎも、よく入《い》れられます。

パエリアは、なべごと食《しょく》たくへとはこばれます。食《た》べるときは、なべから直《ちょく》せつ、自分《じぶん》のおさらにとり分《わ》けます。

今《いま》では、日本《にほん》でも、スペインりょう理店《りてん》などで、本場《ほんば》で食《た》べるようなあじのパエリアを食《た》べることができます。

ア　たきこむ。
イ　やく。
ウ　あげる。

③ パエリアのお米《こめ》が黄色《きいろ》くできあがるのは、なぜですか。（　）に合《あ》う言葉《ことば》を書《か》きましょう。

・サフランの花《はな》をかんそうさせて作《つく》った（　　　　）で、風味《ふうみ》と（　　　　）をつけるから。

12 ポルトガル

パンはどこから来《き》た言葉《ことば》?

外国《がいこく》から入《はい》ってきて、日本語《にほん ご》にとり入《い》れられた言葉《ことば》を、*外来語《がいらいご》といいます。ほとんどの外来語《がいらいご》は、かたかなで書《か》きます。イギリス、アメリカ、フランス、ドイツ、オランダ、スペイン、イタリア、ロシアなど、外来語《がいらいご》はたくさんの国《くに》からやって来《き》ました。たとえばイギリスから来《き》た「ジュース」、フランスから来《き》た「クレヨン」、オランダから来《き》た「ランドセル」などが、わたしたちのつかう言《こと》葉《ば》の中《なか》にとけこんでいます。

とくに古《ふる》い外来語《がいらいご》は、ポルトガルから入《はい》ってきた、「カステラ」や「コンペイトー」などの言葉《ことば》です。「パン」や「ボタン」も、ポルトガルから来《き》た言葉《ことば》です。この時代《じだい》には、日本《にほん》にキリスト教《きょう》

❶ 外来語《がいらいご》とは、どこから入《はい》ってきた言葉《ことば》ですか。

（　　　）

❷ 「クレヨン」は、どの国《くに》から入《はい》ってきた言葉《ことば》ですか。

（　　　）

❸ とくに古《ふる》い外来語《がいらいご》は、どの国《くに》から入《はい》ってきましたか。

（　　　）

読《よ》んだ日《ひ》　月《がつ》　日《にち》

をつたえようとする人《ひと》や、日本《にほん》で商売《しょうばい》をしようとする人《ひと》など、たくさんのポルトガル人《じん》が、はるばる日本《にほん》へやって来《き》ました。

「てんぷら」も、ポルトガルから入《はい》ってきた言葉《ことば》だと考《かんが》えられています。てんぷらは、すしやそば、みそしるのように、日本《にほん》りょう理《り》をだいひょうする一《ひと》つです。でもじつは、外国《がいこく》で生《う》まれた言葉《ことば》なのです。

＊外来語《がいらいご》とは、ふつう、中国《ちゅうごく》いがいの外国《がいこく》から来《き》た言葉《ことば》をさします。

4 ポルトガルから日本《にほん》に入《はい》ってきたと考《かんが》えられる言葉《ことば》ではないものは、どれですか。二《ふた》つに○をつけましょう。

ア ボタン
イ パン
ウ てんぷら
エ ランドセル
オ コンペイトー
カ ジュース
キ カステラ

ロシア❶ 広《ひろ》い国《くに》のとても長《なが》い鉄道《てつどう》

せかいでいちばん広《ひろ》い国《くに》は、どこでしょう。この本《ほん》の２ページから３ページの地図《ちず》を見《み》てみてください。いちばん広《ひろ》いのは、ロシアですね。

ロシアは、広《ひろ》い国土《こくど》のほとんどが、冬《ふゆ》のさむさのきびしいところです。そのため、ロシアの人《ひと》たちは、ふかふかしたぼうしをかぶります。ふつうのくつではこおってしまう地《ち》いきもあります。そういうところでは、毛皮《けがわ》をつかうなど、とくべつな作《つく》りのくつをはきます。

とても広《ひろ》い国《くに》なので、あたたかい場所《ばしょ》も少《すこ》しだけあります。２０１４年《ねん》に冬《ふゆ》のオリンピックがひらかれたソチも、ロシアの中《なか》では、あたたかい土《と》地《ち》です。ソチは、海《うみ》べのリゾート地《ち》でもあります。

読《よ》んだ日《ひ》　　月《がつ》　　日《にち》

❶ ロシアの人《ひと》たちがふかふかしたぼうしをかぶるのは、なぜですか。その理由《りゆう》を書《か》いている一文《いちぶん》をさがし、はじめの四字《よじ》を書《か》きましょう。

❷ ふつうのくつではこおってしまう地《ち》いきでは、どんなくつをはきますか。（　）に合《あ》う言葉《ことば》を書《か》きましょう。

・作《つく》りが（　　　　）なくつ。

ロシアの国内《こくない》を東西《とうざい》に走《はし》っているシベリア鉄道《てつどう》は、せかいでいちばん長《なが》い鉄道《てつどう》です。シベリアおうだん鉄道《てつどう》ともいいます。九千三百《きゅうせんさんびゃく》キロメートルぐらいのきょりを、一週間《いっしゅうかん》ほどかけて走《はし》ります。車内《しゃない》の様子《ようす》は、わたしたちがふだんのる電車《でんしゃ》とはだいぶちがいます。何日間《なんにちかん》ものりつづける人《ひと》が多《おお》いので、二人用《ふたりよう》や四人《よにん》用《よう》などのへやがあり、ねむることができます。食事《しょくじ》は、自分《じぶん》で用意《ようい》したものを食《た》べることもできますし、食《しょく》どう車《しゃ》を利用《りよう》することもできます。

③ ２０１４年《ねん》に冬《ふゆ》のオリンピックがひらかれたのは、何《なん》というところですか。

（　　　）

④ シベリア鉄道《てつどう》についてせつ明《めい》した文《ぶん》として、正《ただ》しいものはどれですか。一《ひと》つに○をつけましょう。

ア　ロシア国内《こくない》を南北《なんぼく》に走《はし》る鉄道《てつどう》である。

イ　シベリアおうだん鉄道《てつどう》ということもある。

ウ　車内《しゃない》にあるへやはすべて一人用《ひとりよう》である。

エ　食《しょく》どう車《しゃ》はない。

ロシア❷ いろいろなりょう理《り》

ロシアの有名《ゆうめい》なりょう理《り》といったら、何《なん》でしょう。みなさんにはあまりおなじみではないかもしれませんが、おうちの人《ひと》や先生《せんせい》などの大人《おとな》に同《おな》じことを聞《き》けば、ピロシキ、ビーフストロガノフ、ボルシチのどれかを答《こた》えるかもしれません。

ピロシキは、ロシアのパンです。小麦粉《こむぎこ》をねったかわで、肉《にく》、魚《さかな》、野《や》さいなどをつつみ、あぶらであげたり、オーブンでやいたりして作《つく》ります。見《み》た目《め》は、カレーパンのようです。

ビーフストロガノフは、ロシアのにこみりょう理《り》です。牛《ぎゅう》肉《にく》、玉《たま》ねぎ、

読《よ》んだ日《ひ》　月《がつ》　日《にち》

❶ カレーパンのようなロシアのパンは、何《なん》ですか。

（　　　　）

❷ ピロシキは、どのようにして作《つく》りますか。（　）に合《あ》う言《こと》葉《ば》を書《か》きましょう。

・肉《にく》、魚《さかな》、（　　　　）などを、小麦粉《こむぎこ》で作《つく》った（　　　　）でつつみ、あぶらであげたり、オーブンでやいたりする。

マッシュルームなどをバターでいっしょにいため、ちょっとすっぱいサワークリームソースでにこんで作《つく》ります。見《み》た目《め》は、ビーフシチューやハヤシライスのようです。

ボルシチは、ロシアのスープです。せかい三大《さんだい》スープの一《ひと》つにあげられることもあります。肉《にく》や色《いろ》とりどりの野《や》さいを入《い》れて作《つく》ります。ビートという野《や》さいも入《い》れるので、スープの色《いろ》が赤《あか》くなりますよ。

❸ 牛肉《ぎゅうにく》や玉《たま》ねぎなどで作《つく》る、ロシアのにこみりょう理《り》は何《なん》ですか。どちらかに○をつけましょう。

ア ビーフストロガノフ

イ ボルシチ

❹ ボルシチが赤《あか》い色《いろ》をしているのは、なぜですか。（　）に合《あ》う言葉《ことば》を書《か》きましょう。

・ビートという（　　　　）を入《い》れて作《つく》るから。

15 エジプト 大《おお》きなピラミッド

エジプトは、アフリカにある国《くに》で、国土《こくど》の大部《だいぶ》分《ぶん》がさばくです。そしてエジプトには、せかいでいちばん長《なが》い、ナイル川《がわ》がながれています。

大《おお》むかし、ナイル川《がわ》のながれにそって、古代《こだい》エジプト文明《ぶんめい》がさかえました。古代《こだい》にさかえた文明《ぶんめい》のそばには、かならず、大《おお》きな川《かわ》があります。人《にん》間《げん》のくらしに、水《みず》はなくてはならないものだからです。

ピラミッドは、古代《こだい》エジプト文明《ぶんめい》のいせきです。エジプトにはたくさんのピラミッドがありますが、とくに有名《ゆうめい》なのは、ギザというところにある三大《さんだい》ピラミッドです。ピラミッドは、王様《おうさま》のおはかだと考《かんが》えられています。

読《よ》んだ日《ひ》　月《がつ》　日《にち》

① エジプトの国土《こくど》の大部分《だいぶぶん》は、何《なん》ですか。

（　　　　）

② ナイル川《がわ》は、どんな川《かわ》ですか。（　）に合《あ》う言葉《ことば》を書《か》きましょう。

・（　　　　）にながれる、（　　　　）でいちばん（　　　　）川《かわ》。

古代《こだい》エジプト文明《ぶんめい》のいせきとして、スフィンクスも有名《ゆうめい》です。顔《かお》は人間《にんげん》、体《からだ》はライオンの形《かたち》をしている石《いし》のぞうです。王宮《おうきゅう》やおはかなどの入《い》り口《ぐち》にたてられました。ギザの三大《さんだい》ピラミッドの近《ちか》くにも、スフィンクスがあります。これは、エジプトでいちばん大《おお》きなスフィンクスです。

本物《ほんもの》のピラミッドを見《み》るチャンスがあれば、その大《おお》きさにびっくりすることでしょう。

❸ 三大《さんだい》ピラミッドは、エジプトのどこにありますか。

（　　　　）

❹ スフィンクスの体《からだ》の部分《ぶぶん》は、何《なん》の形《かたち》をしていますか。

（　　　　）

❺ ピラミッドについてせつ明《めい》した文《ぶん》として正《ただ》しいほうに、○をつけましょう。

ア 王様《おうさま》のおはかだと考《かんが》えられている。

イ 王宮《おうきゅう》の入《い》り口《ぐち》にたてられたものである。

16

イスラエル・ヨルダン
海《うみ》よりしょっぱいみずうみ

みなさんは、水泳《すいえい》はすきですか。夏《なつ》になるとプールや海《うみ》でおよぐのが楽《たの》しみ、という人《ひと》もたくさんいるでしょう。ところで、プールと海《うみ》とでは、どちらのほうが体《からだ》がうきやすいと思《おも》いますか。答《こた》えは、海《うみ》です。海《うみ》の水《みず》は、しょっぱいですよね。海水《かいすい》には、しおがとけているからです。しおがとけている水《みず》には、ものがうきやすいのです。

　このことは、じっけんでたしかめることができます。水《みず》を入《い》れたコップに、たまごを入《い》れてみましょう。たまごはコップのそこにしずみます。このコップに、しおを少《すこ》しずつくわえていきましょう。あるていどのりょうのしおを入《い》れると、たま

読《よ》んだ日《ひ》　月《がつ》　日《にち》

❶ 体《からだ》がうきやすいのは、プールと海《うみ》のどちらですか。

（　　　）

❷ 海《うみ》の水《みず》には何《なに》がとけていますか。

（　　　）

❸ 水《みず》を入《い》れたコップにたまごを入《い》れると、たまごはどうなりますか。（　）に合《あ》う言葉《ことば》を書《か》きましょう。

ごはうかんできますよ。

イスラエルとヨルダンという国《くに》のさかいに、「死海《しかい》」というみずうみがあります。生《い》きものがほとんどすめないので、死《し》の海《うみ》という名前《なまえ》がついていますが、海《うみ》ではありません。どうして生《い》きものがほとんどすめないのかというと、死海《しかい》には、とてもたくさんのしおがとけているからです。海水《かいすい》よりも、もっとこいしお水《みず》なので、死海《しかい》では、うきわなどをつかわなくても、人《ひと》の体《からだ》はぷかぷかとうきます。楽《たの》しそうですね。

④ 死海《しかい》とは、何《なん》ですか。（　）に合《あ》う言葉《ことば》を書《か》きましょう。

・（　　　　）の（　　　　）にしずむ。

・（　　　　）がほとんどすめないほどたくさんのしおがとけている、死《し》の海《うみ》という名前《なまえ》がついた（　　　　）。

17

ガーナ アフリカの身近《みぢか》な国《くに》

アフリカにある、ガーナという国《くに》を知《し》っていますか。金《きん》やダイヤモンドがとれる国《くに》です。そして、せかいてきに有名《ゆうめい》な、ある一人《ひとり》の日本人《にほんじん》とも、かかわりのふかい国《くに》なのです。その人《ひと》は、百年《ひゃくねん》ほど前《まえ》に活《かつ》やくした人物《じんぶつ》なのですが、わたしたちの生《せい》活《かつ》にもふかくかかわっています。だれだと思《おも》いますか。

それは、今《いま》の千円《せんえん》さつにえがかれている、野口《のぐち》英世《ひでよ》という細《さい》きん学者《がくしゃ》です。おいしゃさんでもありました。野口英世《のぐちひでよ》は、アフリカで黄《おう》ねつ病《びょう》とい

読《よ》んだ日《ひ》　月《がつ》　日《にち》

① 野口英世《のぐちひでよ》が活《かつ》やくしたのはいつごろですか。五字《ごじ》で書《か》きましょう。

② 野口英世《のぐちひでよ》がえがかれているおさつはどれですか。一《ひと》つに○をつけましょう。

ア　千円《せんえん》さつ
イ　二千円《にせんえん》さつ
ウ　五千円《ごせんえん》さつ
エ　一万円《いちまんえん》さつ

う病気《びょうき》のけんきゅうをしていました。しかし、けんきゅうのとちゅうで自分《じぶん》も黄《おう》ねつ病《びょう》にかかってしまい、なくなった場所《ばしょ》が、ガーナだったのです。

ガーナは、コーヒーまめやカカオまめなどの作《さく》物《もつ》をたくさん作《つく》っていることでも知《し》られています。

みなさんはまだのんだことがないかもしれませんが、コーヒーは、このコーヒーまめから作《つく》られるのみものです。そしてカカオまめからは、みなさんがよく知《し》っている、チョコレートやココアが作《つく》られます。ガーナでは、とてもたくさんのカカオまめを作《つく》っています。

❸ 野口英世《のぐちひでよ》がアフリカでけんきゅうしていたのは、何《なん》という病気《びょうき》ですか。

（　　　　）病《びょう》

❹ チョコレートやココアは、何《なに》から作《つく》られますか。

（　　　　）

❺ ガーナでは、金《きん》、ダイヤモンド、カカオまめのほか、何《なに》がとれますか。

（　　　　）

インド カレーのふるさと

多《おお》くの日本人《にほんじん》が大《だい》すきな、カレーライス。わたしたちが家《いえ》で食《た》べているカレーは、ふつう、カレーのルーをつかって作《つく》られていて、とろっとしています。ルーは、小麦粉《こむぎこ》をバターなどでいためたものです。

カレーが生《う》まれたのは、インドです。インドの人《ひと》は、毎日《まいにち》カレーを食《た》べます。ただし、インドで食《た》べられているカレーは、わたしたちが食《た》べているカレーとは、だいぶちがいます。ルーはつかわないので、とろっとはしていません。

カレーには、多《おお》くのしゅるいのスパイスが入《はい》っています。スパイスとは、とうがらし、こしょう、にんにく、しょうがなど、りょう理《り》にかおりやか

読《よ》んだ日《ひ》　月《がつ》　日《にち》

❶ わたしたちが食《た》べるカレーがとろっとしているのは、何《なに》をつかって作《つく》られているからですか。（　）に合《あ》う言葉《ことば》を書《か》きましょう。

・カレーの（　　　　　）。

❷ とうがらしや、こしょうや、にんにくなどのことを、まとめて何《なん》といっていますか。四《よ》字《じ》で書《か》きましょう。

らみをつけるざいりょうのことです。インドのカレーは、こうしたいろいろなスパイスを合《あ》わせて作《つく》ったカレー粉《こ》で、さまざまなものにあじをつけて食《た》べるりょう理《り》です。ごはん、インドのパンであるナンやチャパティ、じゃがいも、とり肉《にく》、まめなど、それぞれの食《た》べものに合《あ》ったカレー粉《こ》を、家庭《かてい》で手作《てづく》りします。

さすがは、カレーが生《う》まれた国《くに》ですね。毎日《まいにち》の生活《せいかつ》に、カレーはかかせないものなのです。

❸ スパイスはりょう理《り》に、からみのほか、何《なに》をつけますか。

（　　　　）

❹ インドのパンは、ナンと何《なん》ですか。

（　　　　）

❺ インドのカレーについてせつ明《めい》した文《ぶん》として正《ただ》しいほうに、○をつけましょう。

ア カレーのルーをつかって作《つく》る。

イ 生活《せいかつ》になくてはならないものである。

19

ネパール 登山家《とざんか》があこがれる山《やま》

日本《にほん》でいちばん高《たか》い山《やま》は、何《なん》という山《やま》でしょう。答《こた》えは、富士山《ふじさん》です。三千七百七十六《さんぜんななひゃくななじゅうろく》メートルという高《たか》さです。では、エベレストという山《やま》を知《し》っていますか。せかいでいちばん高《たか》い山《やま》です。ネパールと中国《ちゅうごく》のさかいにあります。このあたりは、ほかにも高《たか》い山《やま》やまがつらなっています。これらをヒマラヤ山《さん》みゃくといいます。

エベレストは、富士山《ふじさん》よりずっと高《たか》い、八千八百四十八《はっせんはっぴゃくよんじゅうはち》メートルの山《やま》です。上《うえ》のほうには、とけない雪《ゆき》が一年中《いちねんじゅう》の

❶ ネパールと中国《ちゅうごく》のさかいにある、高《たか》い山《やま》やまのつらなりのことを、何《なん》といいますか。

・（　　　）山《さん》みゃく

❷ 空気《くうき》がよりうすいのは、どちらですか。どちらかに○をつけましょう。

ア エベレストの上《うえ》のほう。

イ エベレストの下《した》のほう。

読《よ》んだ日《ひ》　月《がつ》　日《にち》

こっています。また、下《した》のほうにくらべて空気《くうき》がとてもうすいので、のぼるのがじつにたいへんな山《やま》です。それでも、毎年多《まいとしおお》くの登山家《とざんか》が、いのちがけでのぼるのです。

ところで、下《した》の図《ず》は、ネパールの国旗《こっき》です。三角形《さんかくけい》が二《ふた》つかさなったような形《かたち》をしています。せかいの国《くに》ぐにの国旗《こっき》の中《なか》で、四角形《しかくけい》でないのは、このネパールの国旗《こっき》だけです。この形《かたち》は、ヒマラヤ山《さん》みゃくの山《やま》やまと、ネパールのだいひょうてきな二《ふた》つのしゅう教《きょう》をあらわしているといわれています。

③ ネパールの国旗《こっき》は、何《なに》が二《ふた》つかさなったような形《かたち》をしていますか。

（　　　　）

④ ネパールの国旗《こっき》の形《かたち》があらわしているものは何《なん》ですか。二《ふた》つに○をつけましょう。

ア　とけない雪《ゆき》。
イ　ヒマラヤ山《さん》みゃく
ウ　三角形《さんかくけい》と四角形《しかくけい》。
エ　二《ふた》つのしゅう教《きょう》。

20

中国《ちゅうごく》① ヤムチャってなに？

中国《ちゅうごく》には、「ヤムチャ」というしゅうかんがあります。ヤムチャは、お茶《ちゃ》を飲《の》むということで、漢字《かんじ》では「飲茶」と書《か》きます。

ヤムチャは、点心《てんしん》とよばれるかるい食事《しょくじ》をとりながら、ウーロン茶《ちゃ》などの中国茶《ちゅうごくちゃ》を飲《の》むことです。これは食事《しょくじ》と食事《しょくじ》の間《あいだ》の間食《かんしょく》、おやつのようなものです。広《ひろ》い中国《ちゅうごく》の中《なか》でも、南東《なんとう》の一部《いちぶ》の地《ち》いきで行《おこな》われているしゅうかんです。

点心《てんしん》には、いろいろなしゅるいがあります。ヤムチャでは、「せいろう」に入《はい》っている点心《てんしん》を食《た》べることが多《おお》いようです。せいろうとい

① 点心《てんしん》とは何《なん》のことですか。（　）に合《あ》う言葉《ことば》を書《か》きましょう。

・中国《ちゅうごく》の（　　　　）食事《しょくじ》。

② ヤムチャとは何《なん》のようなものだと書《か》いていますか。二字《にじ》と三字《さんじ》で書《か》きましょう。

読《よ》んだ日《ひ》　月《がつ》　日《にち》

うのは、食《た》べものをじょう気《き》でむすための道具《どうぐ》のことで、「せいろ」ともいいます。

ギョーザ、シューマイ、まんじゅう、ワンタンなどを、せいろうでむします。また、やきそばなどのめんるいや、おかゆを、点心《てんしん》として食《た》べることもあります。間食《かんしょく》としてめんるいをとることがあるなんて、国《くに》によってしゅうかんはいろいろですね。

❸ せいろうとは何《なん》ですか。それがわかる一文《いちぶん》をさがし、はじめの五字《ごじ》を書《か》きましょう。

❹ 上《うえ》の文章《ぶんしょう》の内《ない》ように合《あ》う文《ぶん》はどれですか。一《ひと》つに○をつけましょう。

ア　ヤムチャは、お茶《ちゃ》を飲《の》むことから漢字《かんじ》では「飲茶」と書《か》く。

イ　中国《ちゅうごく》は、どこにでもヤムチャのしゅうかんがある。

ウ　おかゆを点心《てんしん》として食《た》べることはない。

中国《ちゅうごく》② 漢字《かんじ》が作《つく》られた国《くに》

わたしたちが書《か》いたり読《よ》んだりする日本語《にほんご》の文章《ぶんしょう》は、漢字《かんじ》、ひらがな、かたかななど、いくつかのしゅるいの文字《もじ》でできています。小学校《しょうがっこう》に入学《にゅうがく》してから、みなさんは毎年《まいとし》、いろいろな漢字《かんじ》を勉強《べんきょう》していますね。一年生《いちねんせい》のときは、八十《はちじっ》この漢字《かんじ》をおぼえましたよ。小学校《しょうがっこう》の六年間《ろくねんかん》と中学校《ちゅうがっこう》の三年間《さんねんかん》で、合《あ》わせて二千百《にせんひゃっ》こぐらいの漢字《かんじ》をならいます。楽《たの》しみですね。

漢字《かんじ》は、大《おお》むかしに中国《ちゅうごく》で作《つく》られた文字《もじ》です。日本《にほん》へは、今《いま》から千六百年《せんろっぴゃくねん》ほど前《まえ》、中国《ちゅうごく》やちょうせん半島《はんとう》からわたってきた人《ひと》たちによってつたえられました。日本《にほん》で作《つく》られた漢字《かんじ》もありますが、わたしたちがつかっている漢字《かんじ》のほとんどは、中《ちゅう》

読《よ》んだ日《ひ》　月《がつ》　日《にち》

❶ 日本語《にほんご》の文章《ぶんしょう》は、漢字《かんじ》のほか、どんな文字《もじ》でできていますか。二《ふた》つ書《か》きましょう。

（　　　　）（　　　　）

❷ 漢字《かんじ》が、いつ、どのように日本《にほん》につたえられたかを書《か》いている一文《いちぶん》をさがし、はじめの四字《よじ》を書《か》きましょう。

国《ごく》生《う》まれです。

ひらがなとかたかなは、今《いま》から千年《せんねん》いじょう前《まえ》、日本《にほん》で生《う》まれました。どちらも、漢字《かんじ》をもとにして作《つく》られた文字《もじ》です。ひらがなは漢字《かんじ》をくずしてできたもの、かたかなは漢字《かんじ》の一部《いちぶ》をとってできたものです。

③ 漢字《かんじ》の一部《いちぶ》をとって、日本《にほん》で作《つく》られた文字《もじ》は何《なん》ですか。

（　　　　）

④ 上《うえ》の文章《ぶんしょう》の内《ない》ように合《あ》う文《ぶん》はどれですか。一《ひと》つに○をつけましょう。

ア 小学校《しょうがっこう》の六年間《ろくねんかん》で、わたしたちは二千百《にせんひゃっ》こぐらいの漢字《かんじ》をならう。

イ 日本《にほん》で作《つく》られた漢字《かんじ》は、中国《ちゅうごく》で生《う》まれた漢字《かんじ》よりもずっと多《おお》い。

ウ ひらがなもかたかなも、漢字《かんじ》をもとに日本《にほん》で作《つく》られた。

22

韓国《かんこく》

おとなりの国《くに》のおつけもの

韓国《かんこく》のからいおつけものといったら、何《なん》でしょう。キムチです。白《はく》さいのキムチをはじめ、にらのキムチ、きゅうりのキムチ、大根《だいこん》のキムチ、もやしのキムチ、長《なが》ねぎのキムチなど、韓国《かんこく》にはいろいろなキムチがあります。

韓国《かんこく》のそれぞれの家庭《かてい》では、冬《ふゆ》がおとずれるころ、家族《かぞく》みんなで白《はく》さいのキムチ作《づく》りをします。しおづけにしたたくさんの白《はく》さいに、とうがらしやにんにくな

❶ キムチとは何《なん》ですか。（　）に合《あ》う言葉《ことば》を書《か》きましょう。

・韓国《かんこく》の（　　　　）おつけもの。

❷ 韓国《かんこく》の家庭《かてい》のキムチ作《づく》りでは、しおづけの白《はく》さいに、にんにくや何《なに》を入《い》れますか。

（　　　　）

❸ 韓国《かんこく》の家庭《かてい》には、ふつうのれいぞうこのほかに、どんなれいぞうこがありますか。

読《よ》んだ日《ひ》　月《がつ》　日《にち》

どを入《い》れ、何日間《なんにちかん》かつけこめば、おいしいキムチのできあがりです。
韓国《かんこく》の家庭《かてい》には、キムチせん用《よう》のれいぞうこがあるのがふつうです。食《しょく》たくには、いつでもキムチが出《で》てきます。やき肉《にく》といっしょに食《た》べるのはもちろん、どんなりょう理《り》のときも、キムチはかかせません。
食《た》べものを出《だ》す韓国《かんこく》のお店《みせ》には、キムチを自由《じゆう》におかわりできるところも多《おお》いそうです。韓国《かんこく》の人《ひと》にとって、キムチはあって当《あ》たり前《まえ》のものであり、なくてはならない大切《たいせつ》なものなのですね。

・（　　　）せん用《よう》のれいぞうこ。

❹ 上《うえ》の文章《ぶんしょう》の内《ない》ように合《あ》わない文《ぶん》はどれですか。一《ひと》つに○をつけましょう。

ア 韓国《かんこく》には大根《だいこん》のキムチがある。

イ 韓国《かんこく》の家庭《かてい》では、春《はる》にキムチ作《づく》りをする。

ウ 韓国《かんこく》では、どんなりょう理《り》のときでも、食《しょく》たくにキムチが出《で》てくる。

23

オーストラリア❶

サーフィンするサンタ

日本《にほん》では、春《はる》、夏《なつ》、秋《あき》、冬《ふゆ》は、それぞれ何月《なんがつ》から何月《なんがつ》までという目安《めやす》があります。すんでいる地《ち》方《ほう》によって少《すこ》しずつちがいますが、たとえば春《はる》といえば、だいたい三月《さんがつ》から五月《ごがつ》までのことです。十二月《じゅうにがつ》は、日本《にほん》では冬《ふゆ》のきせつです。では、十二《じゅうに》月《がつ》はせかいのどこでも冬《ふゆ》かというと、そうではありません。

日本《にほん》があるのは、地球上《ちきゅうじょう》の北《きた》半球《はんきゅう》です。オーストラリアという国《くに》は、南半球《みなみはんきゅう》にあります。南《みなみ》半球《はんきゅう》は、北半球《きたはんきゅう》ときせつがぎゃくになります。つまり、日本《にほん》が冬《ふゆ》の間《あいだ》、オーストラリアは夏《なつ》な

❶ 日本《にほん》で春《はる》といえば、だいたい何月《なんがつ》から何月《なんがつ》までのことをさしますか。漢数字《かんすうじ》で答《こた》えましょう。

・（　　）月《がつ》から（　　）月《がつ》までのこと。

❷ 北半球《きたはんきゅう》にあるのは、どちらですか。合《あ》うほうに○をつけましょう。

ア 日本《にほん》

イ オーストラリア

読《よ》んだ日《ひ》　月《がつ》　日《にち》

のです。このため、日本《にほん》にすむわたしたちにとっては、ふしぎにかんじられることがありますよ。

たとえば、日本《にほん》では、クリスマスは冬《ふゆ》の行事《ぎょうじ》です。サンタクロースはそりにのってやって来《き》ます。でも、十二月《じゅうにがつ》はオーストラリアでは夏《なつ》です。オーストラリアの人《ひと》たちにとって、クリスマスは夏《なつ》の行事《ぎょうじ》なのです。雪《ゆき》はふらないきせつなので、サンタクロースはそりにはのりません。そのかわり、海《うみ》でサーフボードにのって、サーフィンをしているサンタクロースの絵《え》がかかれることもあります。

❸ 十二月《じゅうにがつ》は、オーストラリアではどのきせつですか。一《ひと》つに○をつけましょう。

ア 春《はる》　イ 夏《なつ》
ウ 秋《あき》　エ 冬《ふゆ》

❹ オーストラリアで、サンタクロースがそりにのらないのは、なぜですか。（　）に合《あ》う言葉《ことば》を書《か》きましょう。

・オーストラリアのクリスマスは（　）の行事《ぎょうじ》で、夏《なつ》は（　）がふらないきせつだから。

24 オーストラリア②
めずらしいどうぶつたち

オーストラリアには、どんなどうぶつがいるでしょうか。カンガルーやコアラなどが、まずは思《おも》いうかぶことでしょう。どうぶつにくわしい人《ひと》なら、ほかにも、ウォンバットやカモノハシなどのどうぶつについても、知《し》っているかもしれませんね。ウォンバットはすがたがコアラににているどうぶつです。カモノハシは、くちばしがかもという鳥《とり》ににていることから名前《なまえ》がついたどうぶつです。

読《よ》んだ日《ひ》　月《がつ》　日《にち》

❶ オーストラリアにいる、すがたがコアラににているどうぶつは何《なん》ですか。

（　　　　）

❷ カモノハシは、体《からだ》のどの部《ぶ》分《ぶん》がかもという鳥《とり》ににているのですか。

（　　　　）

❸ オーストラリアで、いちばん多《おお》くかわれているどうぶつは何《なん》ですか。

めずらしい野生《やせい》どうぶつがたくさんいるオーストラリアですが、人《ひと》にかわれているどうぶつの中《なか》では、何《なに》がいちばん多《おお》いと思《おも》いますか。それは、ひつじです。オーストラリアには、オーストラリアにすんでいる人《ひと》の数《かず》の三倍《さんばい》いじょうのひつじがいるのです。ひつじの毛《け》は、毛糸《けいと》や、毛糸《けいと》で作《つく》ったおりものやあみものなどになります。つまり、みなさんが冬《ふゆ》にきるセーターなどを作《つく》るざいりょうになるのです。オーストラリアでとれるひつじの毛《け》のりょうは、せかいで二番目《にばんめ》に多《おお》いです。

❹ オーストラリアには、どちらのほうが多《おお》くいますか。合《あ》うほうに○をつけましょう。

（　　）

ア すんでいる人間《にんげん》。

イ かわれているひつじ。

❺ ひつじの毛《け》で作《つく》ったあみもののれいとして、何《なに》をあげていますか。四字《よじ》で書《か》きましょう。

25

ブラジル サッカー王国《おうこく》のひみつ

サッカーはもともと、イギリスで生《う》まれたスポーツです。そのイギリスのほかにも、ドイツ、アルゼンチン、スペイン、オランダ、フランスなど、サッカーが強《つよ》い国《くに》はいくつかあります。ブラジルも、まちがいなくそのなかの一《ひと》つでしょう。

ブラジルでは、サッカーがとてもさかんです。国内《こくない》のプロのサッカーリーグはもちろんのこと、国外《こくがい》のいろいろなプロのサッカーリーグのチームでも、ブラジル出身《しゅっしん》のせん手《しゅ》が活《かつ》やく

❶ サッカーが生《う》まれた国《くに》は、どこですか。

（　　　　）

❷ ブラジルは、どんな国《くに》の一《ひと》つですか。（　）に合《あ》う言葉《ことば》を書《か》きましょう。

・サッカーが（　　　　）国《くに》。

❸ ブラジルは、何《なん》とよばれていますか。

・「サッカー（　　　　）」

読《よ》んだ日《ひ》　月《がつ》　日《にち》

しています。サッカーの国《こく》さい大会《たいかい》でも、ブラジルは何度《なんど》もゆうしょうしています。だからブラジルは、「サッカー王国《おうこく》」とよばれているのです。

ブラジルでは、小《ちい》さなころからサッカーボールであそびはじめる子《こ》が多《おお》く、才《さい》のうをのばしていくチャンスがたくさんあります。国中《くにじゅう》が、ブラジルだいひょうのチームをねっ心《しん》におうえんしています。四年《よねん》に一度《いちど》のワールドカップでブラジルのしあいがある日《ひ》には、しあいがはじまる前《まえ》に、学校《がっこう》も会社《かいしゃ》もおわります。サッカーを見《み》られるようにするためです。ブラジルのサッカーが強《つよ》いひみつは、こんなところにもありそうですね。

4 上《うえ》の文章《ぶんしょう》の内《ない》ように合《あ》う文《ぶん》はどれですか。二《ふた》つに○をつけましょう。

ア ブラジルにはプロのサッカーリーグがある。

イ ブラジルいがいの国《くに》にはプロのサッカーリーグはない。

ウ ブラジルは、一度《いちど》だけ、サッカーの国《こく》さい大会《たいかい》でゆうしょうしている。

エ ブラジルでは、小《ちい》さなころからサッカーの才《さい》のうをのばすチャンスが多《おお》い。

オ ワールドカップでブラジルのしあいがある日《ひ》は、学校《がっこう》が休《やす》みになる。

アメリカ①
大豆《だいず》をたくさん作《つく》る国《くに》

みなさんは、アメリカというと、何《なに》を思《おも》いうかべますか。大《おお》ぜいの人《ひと》でにぎわう大都会《だいとかい》のニューヨーク。野球《やきゅう》やバスケットボールなどのスポーツ。ハンバーガーやフライドチキンなどのファーストフード。ミュージカルやハリウッドえい画《が》などの人《ひと》を楽《たの》しませるもの。アメリカのイメージとしては、このようなものが、まずは思《おも》いうかぶのではないでしょうか。

そして、意外《いがい》かもしれませんが、アメリカはたくさんの農作物《のうさくぶつ》を作《つく》っている国《くに》でもあります。とうもろこしや大豆《だいず》は、アメリカがせかいでいちばん多《おお》く作《つく》っています。

大豆《だいず》は、わたしたち日本人《にほんじん》が食《た》べるとうふ、

読《よ》んだ日《ひ》　月《がつ》　日《にち》

❶ アメリカの大都会《だいとかい》のれいとして、どんなところがありますか。

（　　　　）

❷ ファーストフードのれいとして、ハンバーガーのほかに何《なに》がありますか。

（　　　　）

❸ 人《ひと》を楽《たの》しませるもののれいとして、何《なに》と何《なに》がありますか。

なっとう、みそなどのもとになる作物《さくもつ》です。日本《にほん》人《じん》の食《しょく》たくに、大豆《だいず》はなくてはならないものです。その大豆《だいず》を、アメリカがいちばんたくさん作《つく》っているなんて、びっくりですね。

むかしは、アメリカ人《じん》はとうふやなっとう、みそなどは食《た》べませんでした。今《いま》は、日本《にほん》のけんこうてきな食品《しょくひん》として、食《た》べる人《ひと》がふえています。

④ 上《うえ》の文章《ぶんしょう》の内《ない》ように合《あ》う文《ぶん》はどれですか。一《ひと》つに○をつけましょう。

（　）ア　アメリカは、せかいでいちばん多《おお》く大豆《だいず》を作《つく》っている。

イ　アメリカは、せかいでいちばん多《おお》くみそを作《つく》っている。

ウ　アメリカ人《じん》は、むかしからなっとうを食《た》べていた。

アメリカ②

ハワイにつたわるおどり

ハワイは、太平洋《たいへいよう》という広《ひろ》い海《うみ》のほぼ真《ま》ん中《なか》にあります。ハワイとうやオアフとうなど、たくさんのしまがあって、その全体《ぜんたい》がハワイなのです。そして、ハワイは遠《とお》くはなれてはいますが、国《くに》としてはアメリカの一部《いちぶ》です。ハワイは一年中《いちねんじゅう》あたたかく、きれいな海《うみ》とすなはまがあります。そんなハワイは、日本人《にほんじん》に人気《にんき》がある旅行先《りょこうさき》の一《ひと》つとしても有名《ゆうめい》です。

ハワイには、むかしからつたわる「フラ」というおどりがあります。フラというのは、ハワイ語《ご》で、おどりをあらわす言葉《ことば》です。日本《にほん》では、フラダンスともいいます。フラをおどる人《ひと》は、「レイ」という、花《はな》わのかざりを、首《くび》にかけたりかみの毛《け》

読《よ》んだ日《ひ》　月《がつ》　日《にち》

❶ ハワイがあるのは、何《なん》という海《うみ》ですか。

（　　　　）

❷ ハワイにむかしからつたわるおどりは、何《なん》といいますか。二字《にじ》で書《か》きましょう。

□□

❸ フラをおどる人《ひと》がつける花《はな》わのかざりを、何《なん》といいますか。二字《にじ》で書《か》きましょう。

にかざったりもします。フラは、歌《うた》とウクレレなどの楽器《がっき》のえんそうに合《あ》わせ、手《て》をゆらしたり、こしをくねらせたりしておどります。手《て》やうでのうごきや形《かたち》で、太陽《たいよう》、雨《あめ》、風《かぜ》、花《はな》などの、ハワイのしぜんをひょうげんするのです。

日本《にほん》にも、フラをおどる人《ひと》はたくさんいます。フラは、ゆったりした動作《どうさ》がとくちょうなので、子《こ》どもからお年《とし》よりまで、はば広《ひろ》い年《ねん》れいの人《ひと》たちが、ならいごととして楽《たの》しんでいます。

❹ フラでつかう楽器《がっき》は、何《なん》ですか。

（　　　　）

❺ フラについてせつ明《めい》した文《ぶん》として、正《ただ》しいものはどれですか。一《ひと》つに○をつけましょう。

ア こしのうごきで、ハワイのしぜんをあらわす。

イ 日本《にほん》にも、ならっている人《ひと》がたくさんいる。

ウ はげしいうごきが、とくちょうである。

28

アメリカ③

アラスカの大《だい》しぜん

この本《ほん》の2ページから3ページの地図《ちず》を見《み》てみてください。ハワイは、アメリカからはなれたところにありますが、アメリカの一部《いちぶ》です。同《おな》じように、アメリカから少《すこ》しはなれていますが、アメリカの一部《いちぶ》の場所《ばしょ》がありますよ。それは、アラスカです。アラスカとアメリカとの間《あいだ》には、カナダがあります。

アラスカは北極《ほっきょく》に近《ちか》く、とてもさむいところです。それでも、たくさんの生《い》きものがくらしています。カリブーとよばれるトナカイ、ムースとよばれるへらじか、おおかみ、数《すう》しゅるいのくま、頭《あたま》とお羽《ばね》が白《しろ》い白頭《はくとう》わし、りすのなかま、うさぎのなかま、きつねのなかま。海《うみ》にも、たくさんの

❶ アラスカと、アメリカとの間《あいだ》には、何《なん》という国《くに》がありますか。

（　　　　）

❷ アラスカにいるトナカイは、何《なん》とよばれていますか。

（　　　　）

❸ 白頭《はくとう》わしは、お羽《ばね》とどこが白《しろ》いのですか。

（　　　　）

読《よ》んだ日《ひ》　月《がつ》　日《にち》

生《い》きものがいます。らっこ、とど、あざらし、そして、くじらも見《み》ることができます。

野生《やせい》どうぶつがたくさん見《み》られるアラスカですが、ほかにもふしぎなしぜんにふれることができます。夜《よる》になると空《そら》にあらわれる、オーロラといううつくしい光《ひかり》が、そのだいひょうです。ツンドラというほとんど一年中《いちねんじゅう》こおりがはっている土地《とち》や、タイガという大森林《だいしんりん》もあります。

❹ アラスカの夜《よる》の空《そら》にあらわれるうつくしい光《ひかり》を、何《なん》といいますか。

（　　　　）

❺ アラスカの、ほとんど一年中《いちねんじゅう》こおりがはっている土地《とち》のことを、何《なん》といいますか。

（　　　　）

答えとアドバイス

おうちの方へ
◎解き終わったら、できるだけ早めに答え合わせをしてあげましょう。
◎まちがった問題は、もう一度やり直させてください。

1 イタリア①　4～5ページ

❶ イタリア
❷ 弱い音・じゅう
❸ 七オクターブ
❹ ウ

【アドバイス】
❶ ピアノは、十八世紀初頭に、クリストフォリというイタリア人によって考案された楽器です。

2 イタリア②　6～7ページ

❶ ピザ
❷ たまご・しお（順不同）
❸ ナポリタン
❹ ア

【アドバイス】
❸ ナポリタンのもとになったのは、イタリアのナポリで生まれた、トマトソースを使ったスパゲッティです。

3 ドイツ　8～9ページ

❶ イ
❷ このおかし
❸ クリスマス
❹ ウ

【アドバイス】
❸ ドイツでは、クリスマスまでの約四週間の期間に、シュトレンを少しずつスライスして食べるそうです。

4 オーストリア　10～11ページ

❶ ウィーン
❷ シューベルト
❸ ア
❹ ベートーベン
❺ 歌声

【アドバイス】
ほかにも、ブラームス、リストなどの音楽家が、ウィーンで活躍しました。

5 オランダ　12～13ページ

❶ 春
❷ 風車
❸ こな・水
❹ 国中・かんたん

【アドバイス】
❹ 国土の高低差が小さいオランダでは、自転車の積極的な利用に、国を挙げて取り組んでいます。

6 フランス　14～15ページ

❶ 花
❷ ピカソ
❸ ルーブル
❹ ア

7 イギリス①　16～17ページ

❶ たまご・ハム・フルーツ
❷ 今から三
❸ ナイフ・手づかみ

【アドバイス】
❸ 二つ目の答えは「手」としていても正答としますが、「手づかみ」という言葉に気づいていたかどうかを、確認してください。

【アドバイス】
❷ ほかにもロートレック、モディリアーニ、シャガール、ユトリロなど多くの画家が、パリで活動しました。

8 イギリス②　18～19ページ

❶ イギリス
❷ なぞ・はん人
❸ テレビドラマ
❹ ア

【アドバイス】
❹ 登場人物の関係を読み取れていたかや、相棒やライバルの意味をとらえているかを確かめてください。

9 スペイン①　20～21ページ

❶ イ
❷ イ
❸ シエスタ
❹ ウ

【アドバイス】
南ヨーロッパや中南米の諸国の中にも、シエスタの習慣がある国がありま す。

10 スペイン②　22～23ページ

❶ イ
❷ ギター
❸ カスタネット
❹ イ

【アドバイス】
❹ 本文の内容に合わないものを選択することに注意します。

11 スペイン③　24～25ページ

❶ ウ
❷ ア
❸ スパイス・色

【アドバイス】

パエリアは、スペイン東部、地中海岸のバレンシア地方発祥の料理です。バレンシアは果実の栽培が盛んで、米の産地でもあります。

12 ポルトガル

26～27ページ

❶ 外国
❷ フランス
❸ ポルトガル
❹ エ・カ

【アドバイス】

外来語であっても、かるたや煙草《たばこ》のように、ひらがなや漢字で書くのがふつうになっている言葉もあります。

13 ロシア①

28～29ページ

❶ ロシアは
❷ とくべつ
❸ ソチ
❹ イ

【アドバイス】
❸ 冬季オリンピックの開催で一躍有名になったソチは、黒海《こっかい》に面している、ロシアの代表的な保養地です。

14 ロシア②

30～31ページ

❶ ピロシキ
❷ 野さい・かわ
❸ ア
❹ 野さい

【アドバイス】
❹ ビートを使ったボルシチは、トマトスープのような赤というより、紫がかった赤い色のスープになります。

15 エジプト

32～33ページ

❶ さばく
❷ エジプト・せかい・長い
❸ ギザ
❹ ライオン
❺ ア

【アドバイス】
❺ ピラミッドは古代エジプトのファラオ(王)の墓だという説が有力です。

16 イスラエル・ヨルダン

34～35ページ

❶ 海
❷ しお
❸ コップ・そこ
❹ 生きもの・みずうみ

【アドバイス】
❹ 死海の塩分濃度は三〇%ほどもあり、ふつうの海水の十倍ほどの濃さです。浮力が強いのはそのためです。

17 ガーナ

36～37ページ

❶ 百年ほど前
❷ ア
❸ 黄ねつ
❹ カカオまめ
❺ コーヒーまめ

【アドバイス】
2～3ページの地図で、ガーナの位置を確認してみてください。

18 インド 38～39ページ

❶ ルー
❷ スパイス
❸ かおり
❹ チャパティ
❺ イ

【アドバイス】
❺ インドでは、多くの家庭で、カレー粉を手作りしています。

19 ネパール 40～41ページ

❶ ヒマラヤ
❷ ア
❸ 三角形
❹ イ・エ

【アドバイス】
❸ ネパール以外の国々の国旗は、縦と横の縮尺はまちまちですが、すべて四角形です。

20 中国① 42～43ページ

❶ かるい
❷ 間食・おやつ
❸ せいろうと
❹ ア

【アドバイス】
近年、ヤムチャを提供するお店が、日本にも増えてきています。

21 中国② 44～45ページ

❶ ひらがな・かたかな（順不同）
❷ 日本へは
❸ かたかな
❹ ウ

【アドバイス】
❸ ひらがなは、主に、漢字（万葉《まんよう》仮名《がな》）の草書体を簡略化して作られた文字です。

22 韓国 46～47ページ

❶ からい
❷ とうがらし
❸ キムチ
❹ イ

【アドバイス】
❹ 白菜のキムチは冬になるころに作るものであることを確かめましょう。

23 オーストラリア① 48～49ページ

❶ 三・五
❷ ア
❸ イ
❹ 夏・雪

【アドバイス】
❶ それぞれの季節が、日本ではだいたい何月から何月までを指すか、教えてあげてください。

24 オーストラリア②　50〜51ページ

❶ ウォンバット
❷ くちばし
❸ ひつじ
❹ イ
❺ セーター

【アドバイス】
羊毛の生産量が世界一の国は、中国です。

25 ブラジル　52〜53ページ

❶ イギリス
❷ 強い
❸ 王国
❹ ア・エ

【アドバイス】
❷「強い」は、「さかんな」でも正答とします。

26 アメリカ①　54〜55ページ

❶ ニューヨーク
❷ フライドチキン
❸ ミュージカル・ハリウッドえい画（順不同）
❹ ア

【アドバイス】
日本はアメリカから、多くの大豆を輸入しています。

27 アメリカ②　56〜57ページ

❶ 太平洋
❷ フラ
❸ レイ
❹ ウクレレ
❺ イ

【アドバイス】
❹ ウクレレは、ギターに似た、四弦の弦楽器です。

28 アメリカ③　58〜59ページ

❶ カナダ
❷ カリブー
❸ 頭
❹ オーロラ
❺ ツンドラ

【アドバイス】
アラスカ独自の自然や、その名称をとらえているかを、確認してください。